yukismart.com/b/63dda6

uno

один

odyn

piña

ананас

ananas

guitarra

гітара

hitara

2

dos

два

dva

dinosaurios

динозаври

dynozavry

gemelos

близнюки

blyzniuky

3

tres

три

try

estrellas de mar

морські зірки

morski zirky

melocotones

персики

persyky

4

cuatro

чотири

chotyry

cerezas

черешні

chereshni

robots

роботи

roboty

5

cinco

п'ять

p'iat

dedos

пальці

paltsi

lápices

олівці

olivtsi

6

seis

шість

shist

golosinas

цукерки

tsukerky

corazones

серця

sertsia

7

siete

сім

sim

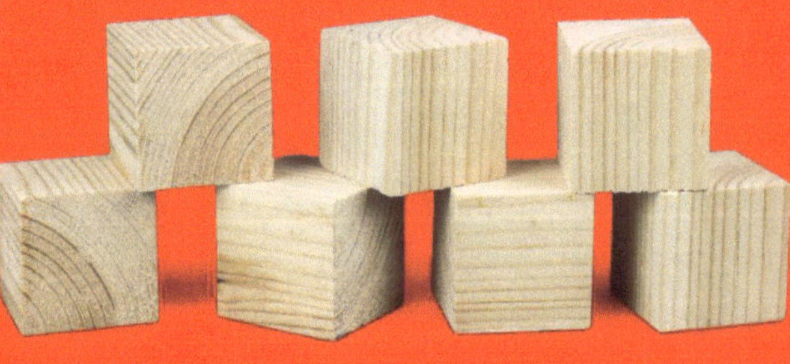

conchas marinas

морські раковини

morski rakovyny

bloques

кубики

kubyky

8

ocho

вісім

visim

hormigas

мурахи

murakhy

flores

квіти

kvity

nueve

дев'ять

dev'iat

peces

риби

ryby

botones

ґудзики

gudzyky

10

diez

десять

desiat

velas

свічки

svichky

huevos

яйця

iaitsia

par

парне

parne

impar

непарне

neparne

entero

ціле

tsile

mitad

половина

polovyna

rojo
червоний
chervonyi

paraguas
парасолька
parasolka

tijeras
ножиці
nozhytsi

amarillo

жовтий

zhovtyi

plátano

банан

banan

queso

сир

syr

verde

зелений

zelenyi

verduras

овочі

ovochi

botella

бутилка

butylka

gris

сірий

siryi

alfombra

килим

kylym

pluma

перо

pero

naranja

помаранчевий

pomaranchevyi

calabaza

гарбуз

harbuz

zumo de naranja

апельсиновий сік

apelsynovyi sik

blanco

білий

bilyi

taza

чашка

chashka

sobre

конверт

konvert

negro
чорний
chornyi

gafas
окуляри
okuliary

camisa
сорочка
sorochka

marrón

коричневий

korychnevyi

violín

скрипка

skrypka

pastel

тістечко

tistechko

azul

синій

synii

bañador

купальні шорти

kupalni shorty

gafas de natación

окуляри для плавання

okuliary dlia plavannia

rosa
рожевий
rozhevyi

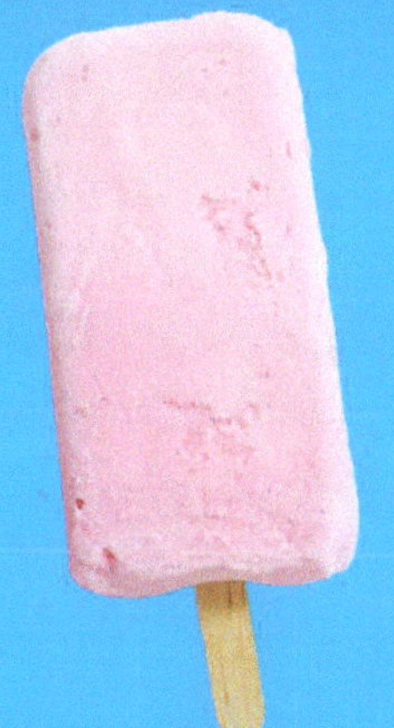

helado
морозиво
morozyvo

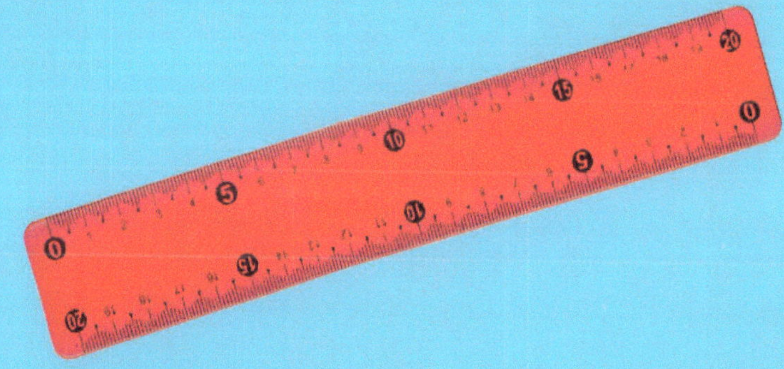

regla
лінійка
liniika

morado

фіолетовий

fioletovyi

dados

гральні кості

hralni kosti

abanico

віяло

viialo

colores claros

світлі кольори

svitli kolory

colores oscuros

темні кольори

temni kolory

círculo

коло

kolo

cuadrado

квадрат

kvadrat

estrella

зірка

zirka

corazón

серце

sertse

creciente

півмісяць

pivmisiats

triángulo

трикутник

trykutnyk

rectángulo

прямокутник

priamokutnyk

óvalo

овал

oval

gota

крапля

kraplia

cruz

хрест

khrest

cubo

куб

kub

esfera

сфера

sfera

anillo

кільце

kiltse

trébol

трилисник

trylysnyk

cilindro

циліндр

tsylindr

cono

конус

konus

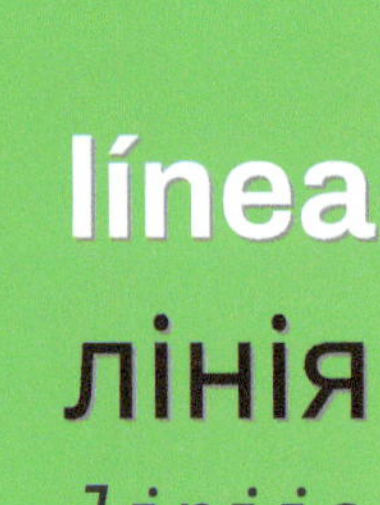

línea

лінія

liniia

flecha

стрілка

strilka

puntos

крапки

krapky

zigzag

зигзаг

zyhzah

curva

крива

kryva

espiral

спіраль

spiral

dibujar

малювати

maliuvaty

pintar

фарбувати

farbuvaty

contar
рахувати
rakhuvaty

escribir
писати
pysaty

pequeño

маленький

malenkyi

grande

великий

velykyi

ratón

миша

mysha

elefante

слон

slon

corto

короткий

korotkyi

largo

довгий

dovhyi

gusano

черв'як

cherv'iak

serpiente

змія

zmiia

delgado

ТОНКИЙ

tonkyi

grueso

ТОВСТИЙ

tovstyi

vacío

пустий

pustyi

lleno

повний

povnyi

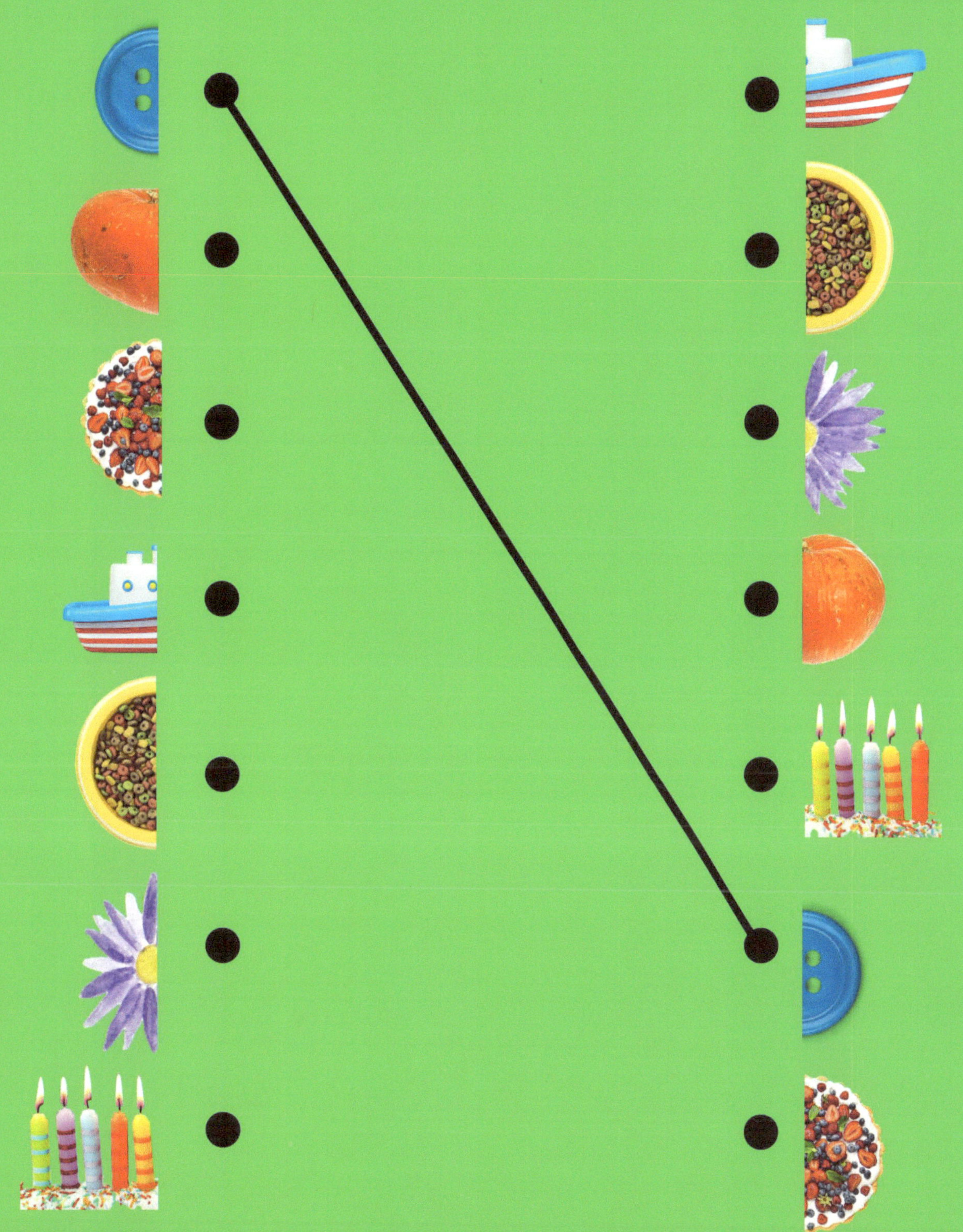

9 782384 126682